Bibliografische Information der Deutschen Nationalbibliothek:

Die Deutsche Bibliothek verzeichnet diese Publikation in der Deutschen Nationalbibliografie; detaillierte bibliografische Daten sind im Internet über http://dnb.d-nb.de/ abrufbar.

Impressum:

Druck und Bindung: Books on Demand GmbH, Norderstedt Germany
ISBN: 9783656693543

Dieses Buch bei GRIN:

http://www.grin.com/de/e-book/273474/anreissen-mit-einer-anreissnadel-ada-unterweisung-industriemechaniker-in

Thomas Zwenger

Anreißen mit einer Anreißnadel. AdA-Unterweisung:(Industriemechaniker/in)

Unterweisungsentwurf für die Ausbildereignungsprüfung (AdA)

GRIN Verlag

Unterweisung

Industriemechaniker / in

Anreißen mit einer Reißnadel unter Verwendung eines Anschlagwinkels bzw. Stahlmaßstabs

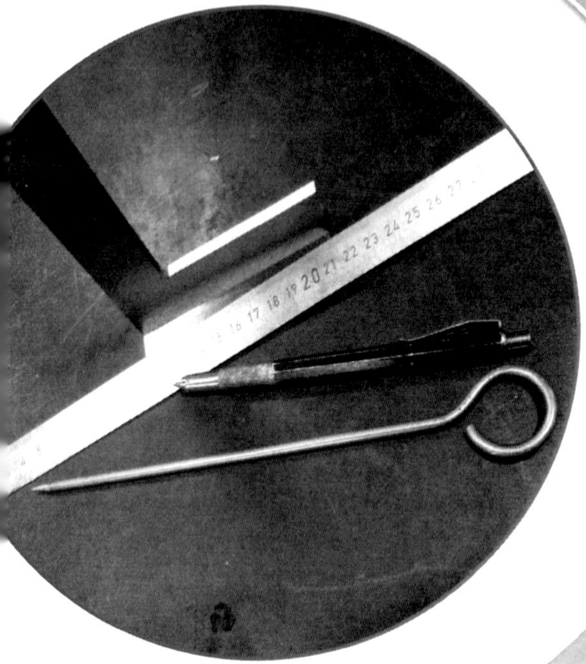

Name Vorname
Straße
PLZ - ORT

Prüfungsnr: ***XXXX***

Unterweisung

Inhaltsverzeichnis

Anreißen mit einer Reißnadel unter Verwendung eines Anschlagwinkel bzw. Stahlmaßstab

Unterweisung

1. Didaktische Überlegung

1.1 Thema der Unterweisung 3

Anreißen mit einer Reißnadel unter Verwendung eines Anschlagwinkel bzw. Stahlmaßstab

1.1.1 Ausbildungsrahmenplan

(§ 11 Abs. 1 Nr. 8)

- Herstellen von Bauteilen und Baugruppen - Werkstücke durch manuelle und maschinelle Fertigungsverfahren herstellen

1.1.2 Thema der letzten Unterweisungseinheit

Vorbereitung der Bleche bzw. Flachstähle

a. UVV (Unfallverhütungsvorschriften)
b. fachgerechtes Sägen mit der Handbügelsäge
c. fachgerechtes Endgraten des Flachstahls mit den Feilen

1.1.3 Thema dieser Unterweisungseinheit

Anreißen mit einer Reißnadel unter Verwendung eines Anschlagwinkels bzw. Stahlmaßstabs

a. UVV (Unfallverhütungsvorschriften)
b. fachgerechtes Anreißen von Blechen und Flachstähle

1.1.4 Thema der nächsten Unterweisungseinheit

Vorstellung des Körnens auf Blechen bzw. Flachstählen

a. UVV (Unfallverhütungsvorschriften)
b. fachgerechtes Körnen

1.2 Ort. Zeit. Dauer 3

Die Unterweisung findet im Ausbildungszentrum der Firma XYZ um 10.00 Uhr statt.
Die Unterweisung wird ca. 15 Minuten dauern.

1.3 Arbeitsmittel 4

Der Flachstahl von der vorherigen Unterweisungseinheit, liegt schon in der Werkstatt auf der Werkbank bereit.

Nun benötigen wir noch:

Stahlmaßstab:

Der Stahlmaßstab ist aus Federbandstahl gefertigt und trägt eine Teilung in ganzen Millimetern (Bild 1) Manchmal sind auch noch die halben Millimeter angegeben. Für Arbeiten an der Werkbank werden Stahlmaßstäbe von 200 – 500 mm Länge verwendet. Sie dürfen nicht verdreht oder verbogen werden, sonst leidet die Maßgenauigkeit.

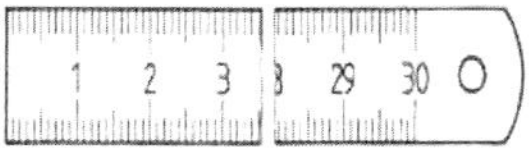

Bild 1 Stahlmaßstab

Anschlagwinkel

Die Schenkel des Anschlagwinkels bilden einen Winkel von 90°, also einen rechten Winkel (Bild 2). Mit Hilfe des Anschlagwinkels können zu einer Bezugsebene rechtwinklig laufende Anreißlinien gezogen werden.

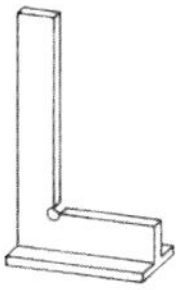

Bild 2 Anschlagwinkel

Reißnadel

Zum Anreißen von harten Werkstoffen wir eine Reißnadel aus Stahl verwendet. Ihre Spitze ist gehärtet. Sie gibt es in verschiedenen Ausführungen (siehe Bild 3).

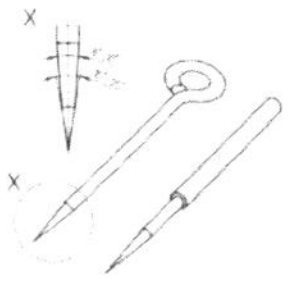

Vorgefertigte Metallplatten (Beispiel)
Arbeitsblätter

1.3.1 Hinweise zur Arbeitssicherheit

- Arbeitskleidung und Sicherheitsschuhe sind zu tragen
- Überprüfung der zu verwendeten Werkzeuge und Materialien auf deren Zustand

Werkstück: - Muss immer entgratet sein (Gefahr von Schnittverletzungen)

Reißnadel: - Nach der Nutzung der Reißnadel, wird die Spitze mit dem Kork gesichert.
- Deshalb darf die Reißnadel auch nicht in die

Tasche der Kleidung gesteckt werden.
(Gefahr von Stichverletzungen)

1.4 Angaben zum Lehrling /Lernvoraussetzung 5

Michael ist 18 Jahre alt, wohnt in XYZ und befindet sich zurzeit im 2.Monat des 1. Ausbildungsjahres. Durch das Praktikum, dass er bei uns in seinem 10. Schuljahr der Realschule durchführte, wurde bei ihm das Interesse an dem Beruf des Industriemechanikers geweckt.

Daraufhin bewarb er sich bei uns und bekam einen Ausbildungsplatz als Industriemechaniker – Fachrichtung Instandhaltung.

Er besitzt alle notwendigen Kenntnisse zur Handhabung der Werkzeuge die für diese Unterweisung erforderlich sind, wie z.B. der Umgang mit der Feile zum Entgraten der Bleche bzw. des Flachmaterials.

Ich bin mit unserem Auszubildenden sehr zufrieden. Aufgrund seiner Interessen an dem Beruf, hat er eine hohe Eigenmotivation. Die neuen vermittelten Kenntnisse im Betrieb, aber auch in der Berufsschule, nimmt er ebenfalls sehr gut auf.

Seine Ausbildung verläuft planmäßig nach dem betrieblichen Ausbildungsplan.

2. Methodische Überlegung

2.1 Methodenwahl / Begründung 5

Vier – Stufen – Methode

Der Auszubildende kann bei dieser Methode aktiv teilnehmen. Er soll durch Nachahmen des Ausbilders mögliche Verfahrensweisen erkennen und anwenden können.

2.2 Motivation 5

- fachgerechtes Anwendung von Anreißzeugen
- fachgerechtes und genaues Anreißen
- selbstständiges Arbeiten
- Bedeutung des Lerngegenstands
- Didaktische Gliederung (z.B. vom Leichten zum Schweren)

2.3 Handlungskompetenz 6

2.3.1 Fachkompetenz
- fachliche Fertigkeiten (Anreißen)
- fachliche Kenntnisse (Arten und Möglichkeiten)

2.3.2 Methodenkompetenz
- Planungsfähigkeit (Vorgehensweise)

2.3.3 Sozialkompetenz
- Umweltbewusstsein (Entsorgung)

2.3.4 Angestrebte Schlüsselqualifikation
- Selbständigkeit
- Verantwortlichkeit
- Qualitätsbewusstsein

3. Didaktische Analyse

3.1 Formulierung des Lernzieles 6

3.1.1 Richtlernziel
Herstellen von Bauteilen und Baugruppen
(§ 11 Abs. 1 Nr. 8)

3.1.2 Groblernziel
Werkstücke durch manuelle und maschinelle Fertigungsverfahren herstellen

3.1.3 Feinlernziel
- Allgemeines Anreißen auf Materialien
- Anreißnadel anwenden können mit Stahlmaßstab und Anschlagwinkel
- Zeichnung mit Maßen lesen können
- konzentriertes und genaues Arbeiten unter Beachtung der Arbeitssicherheit

3.2 Formulierung des Lernzielbereiche 6

3.2.1 Kognitiver Lernbereich
- der Auszubildende soll die richtige Handhabung der Hilfsmittel und Unfallverhütungsvorschriften beim Anreißen wiedergeben und erklären können.
- Analysieren und danach anwenden der richtige Anreißwerkzeuge
- Die Inhalte der Zeichnung fassen können

3.2.2 Psychomotorischer Lernbereich
- Lernt fachgerechtes Handhabung mit Anreißnadel
- Lernt fachgerechtes nutzen des Stahlmaßstabes und Anschlagwinkels

3.2.3 Affektiver Lernbereich

- Der Auszubildende soll die Wichtigkeit vom Einhalten der Maßgenauigkeit und geltenden Unfallverhütungsvorschriften bei Anreißen beachten. Er soll lernen, Konzentration und Gründlichkeit für den gesamten Arbeitsablauf zu praktizieren.

4. Ablauf der Unterweisung

4.1 I. Stufe: Vorbereitung und Motivation 7

(Zeit ca. 5 min.)

- Ich Motiviere ihn, indem ich vorgefertigte Beispiele präsentiere. Dabei zeige ich dem Auszubildenden wie wichtig es ist, richtiges Anreißen zu Lernen.

Methode	**Hilfsmittel**
- vortragende Unterweisungsform	- Vorgefertigte Beispielplatten

So stelle ich mir die Stufe 1 vor:

- Der Arbeitsplatz muss übersichtlich geordnet sein
- Die erforderlichen Unterweisungsmittel müssen bereit liegen
- Der Stoff muss von mir als Ausbilder sorgfältig vorbereitet sein. Ich muss ihn aufbereiten, planen und in sinnvolle Teilabschnitte unterteilen.
- Durch ein lockeres Gespräch versuche ich den Auszubildenden die Hemmung zu nehmen
- Abfrage der Vorkenntnisse, an die ich anknüpfen kann

Unterweisung

4.2 II. Stufe: Vormachen und erklären 8

Zeit ca. 8 min.

Arbeitsstufe	Ausführungsweise	Begründung	Medien
Einführen zum Anreißen	Ich gebe ihm die Arbeitsblätter zum Anreißen (Zeichnung) Vorstellung der Reißnadel mit Erklärung für den Verwendungszweck. Vorstellung des Stahlmaßstabes mit Erklärung für den Verwendungszweck. Mache ihn auf Verletzungsgefahr aufmerksam und erkläre ihm die UVV.	Es werden zwei Sinne angesprochen: das Hören und das Sehen. Er kann anhand eines Bildes sehen wie z.B. eine Reißnadel richtig geführt wird, damit genaue und korrekte Maße entnommen werden können.	Arbeitsblätter
Vormachen	Stabile Lage des Werkstückes sicherstellen. Die Maße aus der Zeichnung entnehmen und mit Hilfe von Stahlmaßstab und Reißnadel auf dem Blech anreißen und dabei mein Vorgehen erklären.	Durch Vormachen wird die Handhabung und Ausführung dem Auszubildenden dieses verständlich gemacht.	Blech, Zeichnung, Stahlmaßstab, Reißnadel

Methode

- vormachende Unterweisungsform

Hilfsmittel

- Stahlblech, Arbeitsblätter in der Arbeitsmappe, Stahlmaßstab, Reißnadel, Anschlagwinkel

So stelle ich mir die Stufe 2 vor:

- Langsam vormachen und dabei erklären (was, wie, warum.)

- Der Auszubildende steht rechts neben mir
- Ihm die Gelegenheit geben, mir Fragen zustellen
- Die wichtigen Kernpunkte wiederhole ich nochmal

4.3 III. Stufe: Nachmachen und erklären 9

- Der Auszubildende macht die Arbeit nach und wiederholt die einzelnen Schritte. Hierzu erklärt er, was genau er tut.

- Ich bleibe dabei, beobachte, helfe und ermutige.
- Der Auszubildende kann immer wieder auf seine Arbeitsmappe zurückzugreifen.

- Auf kleine Fehler mache ich erst danach aufmerksam, auf große Fehler die zur Verletzung führen könnten, weise ich sofort hin.

-Ich lobe ihn, wenn er seine Arbeit gut macht.

Methode	**Hilfsmittel**
- vormachende Unterweisungsform	- Stahlblech, Arbeitsblätter in der Arbeitsmappe, Stahlmaßstab, Reißnadel, Anschlagwinkel

4.4 IV. Stufe: Selbstständig arbeiten lassen 9

Ich lasse ihm die Zeit zum Üben und kontrolliere mit ihm öfters seine Arbeit. Wenn er die Übung beherrscht, lobe ich ihn und weise auf die nächste Unterweisung hin.

Unterweisung

Zeichnung - Anreißblech

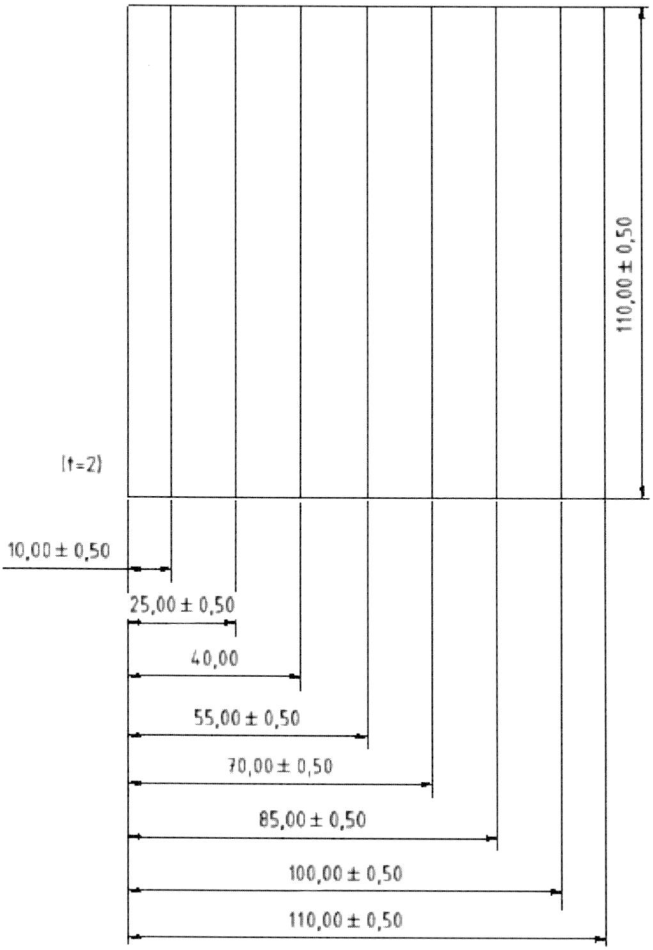

Unterweisung

(Industriemechaniker/in)

Anreißen mit einer Reißnadel unter Verwendung eines Anschlagwinkels bzw. Stahlmaßstab

Prüfungsteilnehmer:

Name Vorname

Straße

PLZ - Ort

Prüfungsnummer:

XXXX

Quellen:

httpwww.bibb.de/dokumente/pdf/ausbilder_eignungsverordnung.pdf

www.hannover.ihk.de/ausbildung-weiterbildung/ausbildung/ausbildungsinfos/berufe/neuordnungen-und-geaenderte-ausbildungsordnungen.html

www.google.de

www.wikipedia.de

Kompaktwissen AEVO

Hiermit bestätige ich, diese Unterweisung selbst erstellt zu haben.

Ort / Datum: Unterschrift